MUMU

歡迎收看硬派寫實育兒黑色喜劇。

如果你們把歡樂建立在我的崩潰上，

是我的榮幸。

—— 德州媽媽 Mumu

MAMA
德州媽媽沒有崩潰
WAKE UP

Mumu

｛著｝

目次 Contents

M A M A

出場人物介紹

W A K E U P

德州媽媽 ○·····················○ **MUMU**

　　1988 年生，婚前是一位唸文學與藝術的科班文青。

　　有人說文青這種病，生一個小孩就會好了，結果我生了兩個，過度治療，頓時失去太多自我崩壞成厭世婦人。

　　因為搬到舉目無親的德州，太孤單而開始寫粉專，粉專名以〈德州媽媽沒有崩潰〉作為對自己的期許，在找不到房子住、無後援一打二、居家避疫一個月後，達到厭世的高峰，創作出了〈厭世媽媽哏圖〉，意外得到廣大迴響，晉升為網崩。

　　而粉專上分享的神獸兄妹無敵破壞王行徑，不僅被稱為避孕神器，也讓父母們了解到原來自己的小孩很乖，拯救了許多原本要被打屁屁的地方孩童。

　　目前人生的志向是，給孩子能夠治癒一生的快樂童年。

德州爸爸 ◦⋯⋯⋯⋯⋯⋯⋯⋯⋯⋯⋯⋯⋯◦ # 老楊

　　老楊是我的神隊友，天天煮飯、沉穩溫柔，職業為工程師。

　　最常對我說的話是：我只要妳快樂就好。

　　唯一被我詬病的是，上廁所出奇的久，洗澡耗時媲美楊貴
妃，總之就是非常喜愛待在廁浴的男子。

神獸兄 ◦⋯⋯⋯⋯⋯⋯⋯◦ **賊粒** 三歲半

　　因為我懷孕時肚子像糖果 Jelly belly，所以小名為 Jelly，被長輩以台灣國語叫成賊粒，故得名。

　　賊粒的必殺技是：大力出奇蹟。

　　賊粒剛出生幾分鐘後，護士抱著他來吸我的奶，我瞬間爆血，大家傻眼。

　　從此以後不只我的乳房，他的所到之處幾乎都遭受到破壞，功績有徒手拆樓梯欄杆、暴力破解六種兒童鎖及四種圍欄、拔出水龍頭沖刷整個家。

　　是個一起床就笑咪咪的快樂孩子，也是個非常疼妹妹的大方哥哥。

神獸妹 ○·····················○ 米米 兩歲

米桶的米,一歲時就可以吃兩碗白飯,是家中最霸道也最會撒嬌的角色。

米米的必殺技是:孟姜米哭。

睡醒哭、肚子餓哭、雖然有吃飽但嘴饞哭、想睡哭、撒嬌哭、你們在講什麼我聽不懂可是我猜是我的壞話哭,常常站在冰箱與食物櫃前把門哭開、句子都還不會說就很會使喚哥哥,在哥哥調皮搗蛋時,常常來告狀,共犯轉汙點證人,減少了一些神獸兄帶來的災難。

MAMA

Part

WAKE UP

別想了，
塞不回去了

生前，就是生之前

生小孩之前的人生，想起來彷彿是上輩子的事了。

我是一個鄉下姑娘，住在深坑的山上，住在山上這件事，是我從小開始的試膽訓練。光是要去上學，我就得獨自下山、繞過一群野狗、走橋過溪、接著途經一段沒有人煙的路，才會抵達小學。

出門時會發現癩蛤蟆躲在我的鞋裡、回家時會發現門口有蛇、睡覺時有過螳螂停在臉上、颱風時蝙蝠破窗闖進我家。

不知道我如今的強心臟，是不是要感激這些禽獸的培養。

　　從有記憶以來我就一直喜歡文學與藝術，一路當著學藝股長與國文小老師長大，有天爸媽跟我說，家裡沒錢了，要學鋼琴就不能學畫畫，加上後來美勞課與家政課一直被借去考試，藝術這個興趣被停擺了一段時間，會縫衣服明明就比會三角函數還實用，在此沉重的控訴愛借課的數學老師。

　　生長在一個普通的公務員家中，父母貫徹著窮養法，希望我能夠吃苦又耐勞、獨立又有志氣。

　　也好在從小養成的節儉習慣，成家後家裡的東西也都很平價，後來神獸兄妹所到之處各種摧毀，餐桌被湯匙戳了好幾個洞、沙發被跳破、液晶螢幕被打壞……，整個家破破爛爛的，我還能安慰自己，還好都不高級。

　　只對文學藝術有熱情的我，讓父母非常擔心我會沒出息。

　　家裡禁止出現漫畫和雜誌、偷看報紙裡的四格漫畫會被罵、跟著唱廣播裡的流行歌也會被罵為什麼把腦容量拿去背歌詞，國中有次

回到家，發現我寫的充滿少女心思與煩惱的日記被打開攤在桌上，父親指責我書不好好唸有時間寫這些？我當場羞憤地說不出話來。

說也奇怪，即便這事對我造成不小的心理陰影，但我仍然無法停筆，我想我對文學是真愛吧。

大學不顧家人反對，唸了中文系，在那逍遙的四年間，我看了大量的電影與好幾百本父母口中的「閒書」，貌似百無聊賴又不學無術的日子，卻是最滋養我的時光。後來仍然放不下對藝術的喜愛，去唸了設計所，當了畫畫老師。

那時的我，是一個科班文青，喜歡穿古著洋裝、沒事就去書店、常常熬夜看文藝電影、生活得很有品味。

完全無法想像未來的我，成為了一個厭世母親，喜歡穿著懷孕後也戒不掉的孕婦褲、沒事就去補眠、常常半夜被小孩哭聲吵醒、每天一打二覺得累。

德州媽媽沒有崩潰

英年早婚

我的愛情故事有點離群值。

我跟老楊是彼此的初戀,也是對方第一任跟唯一一任的男女朋友。就是這麼老派。

十四歲認識、二十四歲戀愛、二十五歲結婚,起手無回至今無悔。

成長過程中我也有跟其他人約會過,但是不知怎麼的就是無法走到交往那一步,大概是性格裡的古怪很難輕易的被陌生人包容、不能陪我看冷門電影和逛美術館的我也不喜歡、不能與我鬥嘴和針砭時事的也不夠有趣、更難有人能夠超越我與老楊從小一起長大所培養出的默契。

　　我們國中時就在教會認識，從那時就打打鬧鬧一路長大，老楊總是笑我頭很大、我笑他眼睛小，當時完全想像不到後來我們會生出一對單眼皮的大頭寶貝們。

　　我們兩個喜歡去當代藝術館約會、去光點看電影、做過最狂放不羈的事就是，他載著我二十四小時騎摩托車環島。雖然我們兩個現在是需要輪班睡覺的狼狽父母，但我們也曾狠狠青春一把過。

　　認識了十年後老楊才對我鄭重的告白，在這之前我們冷戰了四年，原因就是當初我一個潔身自愛的少女，發現他跟我天天約會卻沒有要告白，還說覺得交女朋友很麻煩，一怒之下就決定趁我還沒人老珠黃時遠離他，在此不得不誇獎自己是個鐵骨錚錚的女子，如果當初軟磨硬泡可能也會交往，但就無法嚐到老楊改頭換面歷經千辛、苦苦追求我半年的難忘時光了。

　　後來老楊在芝加哥唸研究所、在灣區找到工作，為了結束痛苦的遠距離戀愛，他回台灣辦了婚禮後，我們就一起到灣區生活，開啟

了我人生中最輕鬆愉快的一段時光：沒有工作身分的我光明正大的耍廢、享受著天天睡到自然醒、愛幹嘛就幹嘛的閒妻生活，每天練習廚藝、畫畫、種花、看影集、最棒的是不用像往常一樣約會約到一半趕回家倒廚餘。

在灣區也不會有適應不良的問題，有無數講中文的商店、家鄉菜幾乎應有盡有，我家旁邊的廣場，就叫「小台北」。

在溫暖的加州陽光下，度過了到處遊玩又靜謐愜意的兩人生活。

三年後，想說來生小孩吧。然後生活它果然對我下重手了。

德州媽媽沒有崩潰

生活對我下重手了

「到底為什麼要生小孩呢？」這是我這幾年在被折磨得不成人形後，不斷捫心自問的事。

我想生小孩大概就是一種，代價無比高昂的人生體驗吧。

懷著老大賊粒時，滿心喜悅的我，還不知道劣化旅程已經開始。從懷孕六週吐到六個月，一天天的伴隨著抽筋、胃食道逆流、恥骨疼痛等等，在少年時沒得志，在少婦時得痔。

生產過程也相當慘烈，縫了我的下體半小時後，醫生宣布是三級撕裂傷，看著裂到大腿的縫線，我邊尿尿邊痛到哭，接著天天哺乳都在流血，我的奶，就是兩顆人血饅頭。女人講起生孩子的過程，

大概就跟男人講當兵一樣，受著不同樣的苦但有類似的共鳴。

　　可能是嬰兒賊粒實在太乖太可愛了，讓我很快忘卻痛苦，被騙生了第二個。嬰兒時期的賊粒，吃得多、睡得多、每天起床笑咪咪、連打針都不哭。我的生活似乎一切照舊，睡眠充足，想散心就推著賊粒出門，仍然保有自我、還能被嫩嬰療癒。

　　當時的我不只到處催生，還説出了「育兒比我想像中的容易好多」的狂言，後來生活教訓了我，讓我再也猖狂不起來。

　　賊粒這麼好帶，讓我們決定趁勝追擊第二胎，反正本來就打算要生兩個，想說趁著怎麼養嬰兒都還記憶猶新時，一鼓作氣在三十歲前把生小孩這件事搞定。

　　懷孕中期察覺賊粒原來是個無敵破壞王時，一切已經來不及。

　　換了四種圍欄、家裡裝了數量高達五十幾個、共七種兒童鎖，長成小獸的賊粒，對後院的溜滑梯盪鞦韆不屑一顧，喜歡搬磚頭。

米米出生後，我整組壞掉了。

漏尿、脫髮、牙齒掉了兩顆、記憶力急速下降，我對於自己三十歲的身體能折舊成這樣感到無比哀傷。

每天忙小孩忙得團團轉，兩隻幼童加起來一天換十片尿布、餵食、哄睡、陪玩、無止盡的瑣碎家事，賊粒此時已經兩歲，而我的身體，就像用了兩年的手機，再也充不飽電。

無法不被吵醒一覺到天亮、無法吃一餐熱騰騰不被打斷的飯、有靈感時也沒有精力創作、幾乎天天頭痛，帶著強烈的自我被剝奪感，我隨時都想哭，我想哭個三天三夜，但是我沒有時間。

「看到小孩療癒的笑容就忘了疲倦。」
騙你的，講這話的人就是不夠累。

小孩可愛，我也很愛，但不管小孩怎麼笑，我都還是想睡覺。
生活不只磨平了我的稜角，它也斷了我的手腳。

我說我想好好生活，生活說：「你想得美。」

我說我想擁抱生活，生活說：「價格另計。」

我說借過，生活說：「不讓你過。」

我沒有能力自己帶兩隻隨時失控的小獸出門，所以我一日日的在困獸之鬥，我不怕吃苦，但我很怕我被苦吃了。

老楊工作重、工時長、方方面都壓力大，在灣區生活了六年後，老楊決定帶著我們搬去德州。

而我，三十一歲再度離鄉背井到一個無人認識的地方，適應能力已經不如從前，因此開了一個粉專用書寫當抒發，儘管常常都是我坐在馬桶上、陪小孩睡覺時的零碎時間打出的文章，它仍然是一種出口。

在被剝奪睡眠、剝奪興趣的母職中，我唯一能保有的自我只剩梳理思緒、動一下腦子，儘管它已經不好使。

大媽養成記

　　我從小跟著媽媽上市場，看著歐巴桑們各種爭、擠、搶、嚷嚷，臉不紅氣不喘的殺價、跟老闆凹這個盧那個、上公車時越過前面的人搶位置，我一直非常好奇，為什麼好大一部分的歐巴桑都能理直氣壯地踩在冒犯別人的邊緣線上？

　　從端莊少女變成不顧一切的大媽，到底是經歷了什麼，會從此失去矜持呢？

　　這謎底我在二十多年後，躺在產檯上的那刻得到答案。

　　當我雙腿開開，躺在生產手術檯上，不只任人圍觀，每個經過的

醫護人員，還能用手過來挖一下，當他們稀鬆平常的說：「噢，開幾指了」時，我必須強壓住我內心的彆扭並且對他們表達感激，之後我的羞恥心，就跟胎盤一樣被醫生從體內拔出了，從此感到丟臉的門檻被大大提高。

這只是個開始。

接著小孩一天一天長大，他們會將你的個人隱私徹底攻陷。被孩子因為好玩吐口水在臉上、拿遙控器打妳頭叫醒妳、尿在妳身上、盯著妳大便和洗澡、在公共場所拉妳衣服掀妳裙子等等，不知道是不是那種其實不太被尊重但又無可奈何的感覺，終於也慢慢內化成對這世界毫無矜持的行徑。

因為矜持這件事，對帶小孩沒幫助。

成為大媽後，我還有另一個心境上很大的轉變，就是我真的比較

體諒別人了。因為我老覺得，別人可能有苦衷，因為我就有。

　　不管我多努力教，我的兩隻幼童仍然很容易失控，一開心就亂跑、不開心就尖叫，我沒事盡量不出門，非得帶孩子們出一趟門，就先做好要道歉三百遍的準備。當我推著米米、牽著賊粒，賊粒掙脫我跑去撒野時，如果旁人對我投以「別擔心小孩調皮很正常」的眼神，我真的是感激涕零，如果旁人對我投以責難的眼神，我當然理解，小孩造成別人的困擾是我不對，我會馬上說：「抱歉抱歉！」

　　但我真的想說的是：「抱歉抱歉！我的小孩真的很調皮，打擾到你很不好意思，他剛剛在車子裡面爆哭了半小時，我現在耳鳴頭暈反應比較慢，加上我因為抱小孩腰已經閃到無數次所以無法馬上追上他，我看起來很不體面是因為我已經三年沒睡飽，沒有力氣化妝穿洋裝，我不是沒在教，我知道我還沒把他教好，但我也是不得已才出門的，我拿個麵包馬上就走……。」

　　每個成年人都有無法一兩句言明的苦衷。我現在是這麼認為的。

德州媽媽沒有崩潰

初次見面，請勿指教

　　突然紅了之後粉專湧入的人潮，讓我感受到在台灣的父母壓力好大，因為我天天都收到教我怎麼教小孩的訊息。

　　我發現有「教養優越感」與一律「父母有罪推定論」的人多到不可思議，一個是覺得他們比你會教小孩，另一個是認定你一定是沒在教小孩。

　　不把別人當白痴是不是真的很困難？

　　這批無界限的好為人師、管別人家事還希望別人認錯、對母職有著極高標準的人們，我統稱他們為──教養糾察隊。

教養糾察隊的出現，讓我產生了第一個使命感，我要盡可能地告訴大家——養小孩不需要接受公評。

不管是小孩還是孕婦，都不是公共管理區。

許多人不過就看到了冰山一角的育兒片段，就丟一個簡單的回應過來：

「你小孩這麼做只是要引起你的注意，你不理他，他就不會做了。」

「你讓小孩自己收拾一遍，他下次就不敢搗亂了。」

「你讓他餓一次，他以後就會好好吃飯了。」

「你這就是打得不夠多。」

我感覺我手上的申論題，被他們強行搶去，寫了個圈圈叉叉在上面。這種認為養小孩就是簡單的解題、言行粗魯還覺得你應該要跟

他學教養，簡直是迷惑行為大賞。

父母有沒有努力教小孩，不需要向任何人證明。

嚴以律己，你會變好。

高標待人，你沒資格。

如果為人父母成為一場全民當考官的考試，那誰還敢生小孩？

別人詢問才給建議，是成年人的基本禮儀。讓我們在面對別人複雜的處境時，不要提供簡單的解答，不要把別人當白痴。

建構一個和諧的社會，從不要對別人指手畫腳開始，友善的育兒環境需要大家一起維護，畢竟少子化的社會，誰都沒好處。

德州媽媽沒有崩潰

MAMA

Part

WAKE UP

厭世媽媽

圖輯

我的手機都比我還有電

　　每次有沒小孩的朋友問我：「當父母最辛苦的是什麼？」我一定會回：「我已經三年沒睡飽了。」每天在小孩的哭聲中睜開眼，知道這漫長的一天已拉開序幕，不管有多不情願，都要起床面對。

　　間歇性斷食可以減肥，間歇性睡眠讓你更累。

　　白天小孩睡著，做不完的家務已經排好隊等在旁邊。晚上小孩睡著，我報復性熬夜想拿回一點自己的時間。半夜小孩睡睡醒醒，我還會忍不住起來檢查他的呼吸。有幾次累到直接斷電，眼睛睜開後看著小孩想說你是誰？

　　當媽以後打瞌睡的次數，比當學生時還要多。我早就不在乎美容，我需要的是美容覺。

　　你問我開不開心？等我睡飽再回答你。

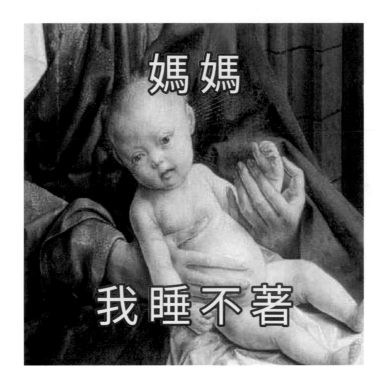

媽媽

我 睡 不 著

Hugo van der Goes │ Monforte Altarpiece (detalle)

德州媽媽沒有崩潰

媽媽你別傻了

你離開床那刻我就會醒囉

Sophie Gengembre Anderson │ Mother

拜託你去睡覺

不要

Domenico Ghirlandaio | Madonna and Child

德州媽媽沒有崩潰

Artemisia Gentileschi │ Venus and Cupid

到底是
誰在哄誰睡覺

講完第20次就真的要睡了喔

Rogier van der Weyden | The Virgin and Child, known as the Durán Virgin

德州媽媽沒有崩潰

媽媽 起來 媽媽 看我 媽媽 媽媽

我到底經歷了什麼

Unknown

一個錢變少 兩個絕對可

三個永遠睡不飽

José Luzán │ La Venida De La Virgen Del Pilar a Zaragoza

德州媽媽沒有崩潰

小孩睡
你就跟著睡　　那誰去
　　　　　　洗衣煮飯？

Giovanni Battista Salvi (Il Sassoferrato) │ The Holy Family

睡不飽已經很苦
還一直幻聽小孩在哭

John William Waterhouse │ Thisbe

德州媽媽沒有崩潰

不要找了

他身上沒有裝暫停鍵

Giacinto Gimignani | Venus, Cupid, and Time

德州媽媽沒有崩潰

確認過眼神

是沒睡飽的人

Wilhelm Kray │ Winter

我懷念的 是睡得很多

我懷念的 是一直做夢

René-Antoine Houasse │ Morpheus Awakening as Iris Draws Near

德州媽媽沒有崩潰

小孩在睡不准摸
吵醒就吃不完兜著走

Lilly Martin Spencer ｜ Domestic Happiness

大半夜的

到底是哪個玩具

突然發出聲音？

Michelangelo Merisi da Caravaggio │ Boy bitten by a Lizard

德州媽媽沒有崩潰

你可以再靠近一點

這就是
間歇性睡眠的眼睛

Giampietrino │ Salvator Mundi

剛睡下去

就天亮

John Trumbull | Sarah Trumbull (Sarah Hope Harvey) on Her Deathbed

德州媽媽沒有崩潰

媽媽的理智線募捐中

常常收到網友來信詢問：「妳小孩這麼皮，妳是怎麼維持理智的？」

你們誤會了，我沒有維持理智，我天天都在仰天長嘯、扶額頭痛。

不過因為我覺得人在最憤怒的時候智商是零，所以我們極力避免在無法控制情緒最憤怒的時候管教小孩，有一次老楊實在被氣到不行，罕見的拍了桌大吼：「賊粒！」

我心裡正有點緊張時，賊粒笑咪咪的走到桌子旁邊，學老楊拍桌，也叫一聲：「賊粒！」

也還好皮蛋賊粒，察言觀色的雷達總是故障。

我感激這隻如此有安全感的初生之犢，讓我們並不會在夜深人靜時後悔自己對小孩太兇，因為小孩根本沒有被兇到。

Leonardo da Vinci | Salvator Mundi

德州媽媽沒有崩潰

去 找
你 爸

William-Adolphe Bouguereau │ Work Interrupted

我還差

這麼一點點

就要扁人囉

Unknown Author │ Angelvintage

德州媽媽沒有崩潰

我一分鐘沒看著孩子

他就去縱火了

Antonio Canova │ The Three Graces Dancing

你最好給我乖一點

這是我最後的理智線

Charles Alphonse Dufresnoy │ The Triumph of Galatea

德州媽媽沒有崩潰

Pinturicchio │ The Virgin and Child

我棍子要下去了

George Romney | Emma Hart, Lady Hamilton (c. 1765–1815), as Circe

德州媽媽沒有崩潰

我在講你有沒有在聽

看著我的眼睛

Raphael │ Jupiter and Cupid

Nosadella │ The Annunciation

德州媽媽沒有崩潰

玩具再亂丟
就捐給非洲小朋友

Pompeo Batoni │ Diana and Cupid

Charles-André van Loo | Architecture

德州媽媽沒有崩潰

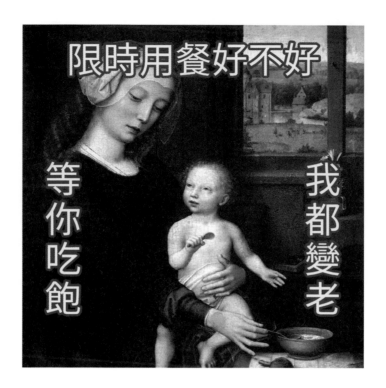

限時用餐好不好

等你吃飽

我都變老

Gerard David │ Madonna and Child with the Milk Soup

青菜快點吞下去

Hans Holbein the Younger │ Edward VI as a Child, ca. 1538

德州媽媽沒有崩潰

地上的東西

不要撿

Bernardino Mei │ A scene from the childhood of Hercules

自己為什麼不好好走

執子之手 將子拖走

Sandro Botticelli │ Automne ou Allégorie contre l'abus du vin

德州媽媽沒有崩潰

完了
這次是奇異筆

Rembrandt │ Belshazzar's Feast

快 點 開 學

Hans Memling │ The Mourning Virgin with St. John and the Pious Women from Galilee

德州媽媽沒有崩潰

你再吵
叔叔阿姨
在看你囉

那邊沒人

Bononi Carlo ｜ The Guardian Angel

每個媽媽背後

都有無數個

覺得他不會教小孩的人

Sandro Botticelli | Madonna of the Pomegranate

德州媽媽沒有崩潰

不會教
就不要生

你都出生了
我為什麼不能生？

Titian │ Sacred and Prophane Love

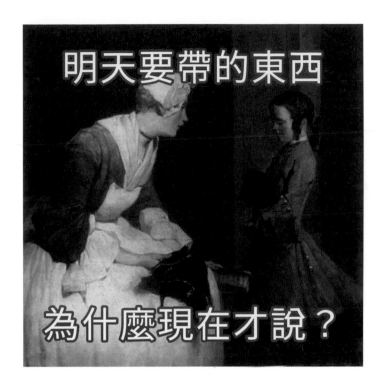

明天要帶的東西

為什麼現在才說？

Jean-Baptiste-Simeon Chardin │ La Gouvernante (The Governess)

德州媽媽沒有崩潰

假哭完叫我

William-Adolphe Bouguereau │ Elegy

大　完　沒

Filippo Lippi | Portrait of a Woman with a Man at a Casement

德州媽媽沒有崩潰

我要尿尿

要出門了快一點

Giacinto Gimignani ｜ An Angel and a Devil Fighting for the Soul of a Child

吃土先不急
長大還有很多機會

Fritz Zuber Buhler │ Mother and Children Picking Flowers

德州媽媽沒有崩潰

Jan van Bijlert │ Girl with a flute

我自作自受不用同情我

　　沒教過的不該罵，大概是我這放養派的媽媽為數不多的守則。

　　所以小孩闖禍，是我沒教好沒錯，這件事沒什麼好羞恥的，教小孩本來就不是一蹴可幾、更不可能一步到位，還沒教好不等於沒在教，況且小孩在成長的過程中不斷犯錯不是理所當然的事嗎？

　　生小孩是自願的、抱小孩抱到腰痛也是自願的、被小孩氣到不行也是自找的，為什麼小孩睡不跟著睡？

　　因為當媽媽的何以解憂？唯有安靜的躺著滑手機。

　　叫苦連天的同時，我知道我是自作自受。

老天鵝啊

小孩好難教

香蕉育兒法

檸檬育兒法

蘋果育兒法

芭樂育兒法

Pierre Mignard ｜ Clio

德州媽媽沒有崩潰

要蒼天知道
我認輸

Anthony van Dyck｜Saint Rosalie Interceding for the Plague-stricken of Palermo

給我一杯酒 再給我一支菸

小孩欠揍 我還沒收房間

Wilhelm Amberg │ The Maid

德州媽媽沒有崩潰

小孩好煩
幫幫我

自作孽
不可活
我有事先走

Arturo Ricci｜Grandmother's Birthday

玩完了

還你

Melchior Broederlam | Annunciation and Visitation

德州媽媽沒有崩潰

寧靜我不配

Workshop of Bernardino Luini │ Madonna and Child with Angels

下來
好危險

Carlo Bononi | Saint Margaret with Saints

德州媽媽沒有崩潰

等等

我是不是
鎖我自己比較快？

Charles Sillem Lidderdale │ Rejected Addresses

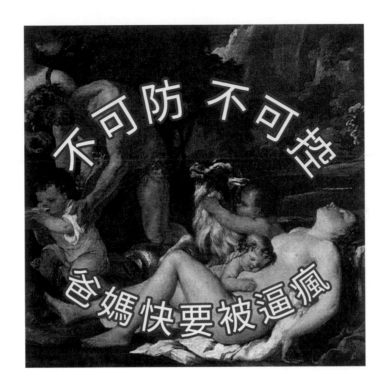

不可防 不可控
爸媽快要被逼瘋

Nicolas Poussin | The Nurture of Bacchus

德州媽媽沒有崩潰

工時過長

好想打烊

Caravaggio │ Mary Magdalene in Ecstasy

別想了
塞不回去了

Peter Fendi │ The Sad Message

德州媽媽沒有崩潰

明知早上會後悔

昨晚還是
報復性熬夜

John Collier │ Sleeping Beauty

使出

空降暴擊

Paolo Veronese | Scorn

德州媽媽沒有崩潰

下來　你好重

Henry Fuseli ｜ The Nightmare

抱完小孩的千年老腰

痛 到 歪 腰

Alfred Stevens │ Afternoon in the Park

德州媽媽沒有崩潰

扶我起來

我還能餵

Gustave Courbet │ Woman with a Parrot

感覺身體被掏空

自己生的自己幹完自己

Alexandre Cabanel │ The Birth of Venus

德州媽媽沒有崩潰

你看起來好累

我剛吼了小孩
三百遍

Gustave Leonard De Jonghe ｜ Die Genesung

結束

營業

Paul Delaroche | Louise Vernet on Her Death B

反催生，我認真

　　我的粉專上，戲稱自己為「反催生盟主」，我反催生，並不是因為我討厭小孩、更不是因為我後悔生小孩，而是我想在這個人人都一股腦催生的大環境下，提供一個不一樣的聲音、並且鼓勵大家預先想好有了小孩的各種妥協。

　　關於「催生」這件事，我是這樣想的：一件好的事情，有需要大家催逼著別人做嗎？我的人生中，沒有想過「不生小孩」這個選項，因為大環境告訴我，「結婚生子」是理所當然的人生進程，跟你唸完國小要唸國中一樣自然。

「母職」這件事，如果是一項職業的話，真的是人人都適合嗎？

當媽媽是我做過最難的角色，而當媽媽的代價，很多是我生了小孩之後才發現的，這件事讓我有點被騙的感覺，如果讓大家先做好三年睡不飽、半夜要起來三次、嚴重落髮漏尿、長痔瘡等等的心理準備，再生小孩比較不會有被騙的感覺吧，如果這些都沒發生甚至會有賺到的感覺呢！

希望到了我們這代，生小孩是為了愛，而不是傳宗接代。

Unknown

你的小孩真是天使

不過我還是不生了

Simon Vouet ｜ The Muses Urania and Calliope

德州媽媽沒有崩潰

我的聲音在笑
淚在飆
沒有小孩的你可知道

Jean-Baptiste Greuze │ Innocence Carried Away by Love, or The Triumph of Hymen

產後復胖要我命

衣服全都塞不進

Frederick William Elwell │ The Wedding Dress

德州媽媽沒有崩潰

吃飽睡好到處跑
我們養狗就好

Thomas Gainsborough │ Mr and Mrs William Hallett ('The Morning Walk')

漏尿漏一地

生完小孩打噴嚏

Rembrandt | A Woman Bathing in a Stream

德州媽媽沒有崩潰

你的奶不是你的奶

Joos van Cleve ｜ The Holy Family

From the Villa di Arianna at Stabiae | The Cupid Seller

德州媽媽沒有崩潰

斷奶後小一罩杯

還會垂到超下面

Artemisia Gentileschi ｜ Penitent Mary Magdalene

Unknown

德州媽媽沒有崩潰

這位太太
我撿到你的產後掉髮

Artemisia Gentileschi │ The Nymph Corsica and the Satyr

你小孩看起來

好乖

因為他在睡覺

Sebastiano Ricci | The Holy Family with Angels

德州媽媽沒有崩潰

你小孩長得好像你婆婆喔

真的 兩個都像

也滿像你公公的

Auguste Toulmouche │ The Reluctant Bride

孕婦不是你的寵物

請勿管教和碰觸

摸過屎的媽媽手

這是一雙

Tiziano Vecellio (Titian) │ Our Lady of Sorrows

再生一個
才有伴

一山不容
二虎

Bernardino Luini │ The Holy Family with Saints Anne and John

德州媽媽沒有崩潰

覆蓋一張隊友卡

　　我心中一直有個疑問，男人是不是一結婚，身體結構就會改變？尤其是聽力跟括約肌的部分。

　　詢問了身邊的朋友，發現有許多同款症狀。

　　我的先生老楊，儘管已是神隊友，但如廁時間之久，還是屢屢被我詬病。

　　老公大便很久這件事，是一件讓人會生氣但又很難生氣得理直氣壯的事，畢竟就是生理現象嘛，但是動輒一小時的如廁時間，就已

經占掉了下班後陪伴妻小的大半部了，再說了，我平常在家帶小孩，怎麼可能消失那麼久？

　　當然是練就了「集中到洞口再去」之法阿，如果有免治馬桶能沖一沖，不用坐多久就能出來了。

　　無奈勸戒無果，最後只能跟老公說：「那不然⋯⋯你能不能⋯⋯盡量在公司上？」

幾 點
回 來

Peter Paul Rubens ｜ Venus and Adonis

老公你去

他在哭爸

小孩醒了

他在哭餓

William De Leftwich Dodge │ The Death of Minnehaha

德州媽媽沒有崩潰

老婆你頭多久沒洗？

我連覺都沒睡洗個屁

Fritz Zuber-Buhler │ Feeding the baby

爸爸拉屎去
　　為什麼還不回來

媽媽馬上要怒吼
　　　你不要害怕

James John Hill │ The Fisherman's Daughter

德州媽媽沒有崩潰

Bartolome Esteban Murillo｜Joseph and Potiphar's Wife

不然生一個
就好？

不要

Orazio Gentileschi │ Annunciation

德州媽媽沒有崩潰

老婆
衣服什麼
時候洗　　　等你內褲
　　　　　沒了再洗

Thomas Huber │ An Allegory of the Old and New Covenants

Sir Frank Dicksee │ Paolo and Francesca

德州媽媽沒有崩潰

Antonio Allegri da Correggio │ Allegory of Vices

地瓜葉好難撿

David Emil Joseph de Noter ｜ A Maid in the Kitchen

德州媽媽沒有崩潰

老公
這隻拿走

我這邊
已達人數上限

Paolo Domenico Finoglia │ Allegory of Charity

爸爸又使出
睡眠育兒法

Giovanni Battista Gaulli (Il Baciccio) │ The Death of Adonis

德州媽媽沒有崩潰

再不醒

我 就 去 刪 你 遊 戲

Luca Giordano ｜ Diana and Endymion

Rembrandt | The Jewish Bride

德州媽媽沒有崩潰

老公比孩子

更幼稚

Andrea Sacchi │ The Guardian Angel

襪子和內褲

再投不進就打下去

Ludovico Lana │ Erminia and Tancredi

德州媽媽沒有崩潰

今天到底是什麼日子

拜託老婆給個提示

全家都在等你出門
還是你要裸奔？

Placido Costanzi │ Mars and Venus

聯絡簿
找你爸簽

Jacques Dumont │ The education of Cupid

德州媽媽沒有崩潰

Johann Heinrich Wilhelm Tischbein ｜ Iphigenia and Orestes

Peter Paul Rubens │ Hercules and Omphale (Rubens)

德州媽媽沒有崩潰

MAMA

Part

WAKE UP

嗨！
今天又來看
我有沒有過得
比你們慘了嗎？

孕婦不是你的寵物，
請勿管教和碰觸

在台灣的兩大宗公共管理區，就是小孩和孕婦了。

我沒在台灣懷孕生小孩，但光是我懷孕時在臉書上放照片後收到長輩們雪花般的緊張建議、和養小孩後的各方指教我就能明白，關於孕婦的禁忌，那可謂是包羅萬象的都市傳說。

問他們這些禁忌有沒有科學證據，他們就會拿出「寧可信其有」這一句玄妙之話為一切背書。

我的婦產科醫生唯一交代的只有：「不要吃生食與酒。」其他吃冷的熱的、甜的鹹的、肉的海鮮的一律可以，也鼓勵持續運動。

懷孕期間用束腹帶去慢
跑的我，我的婦產科醫
生說他非常推薦這麼做。

　　對於大家老是對孕婦說：「我是為妳好……」、「妳就忍一忍不要冒這個險……」、「不要之後再後悔……」等建議，就像如果我說：「我是為你好，你看起來這麼胖，應該有脂肪肝，放下你手中的珍奶，你就忍一忍，不要之後再後悔。」一樣，都是一種踰矩。

　　大家甚至不只是口頭上突然把孕婦當成自己的女兒管，連身體的界線都常常失去分寸，孕婦的肚子，就是一個女人的肚皮，總不能因為它凸起來了就代表大家都能摸吧！

　　總之希望大家能把孕婦當成一般人一樣的尊重。

老天鵝啊！小孩好難教

　　還懷著賊粒時，我就開始閱讀各樣的教養書籍，畢竟為人父母這麼困難的事情，當然需要好好學習。

　　賊粒出生後，我們謹守著書上説幾個月不要餵超過多少的奶量，結果賊粒天天吃不飽一直哭。

　　在回診的時候問醫生怎麼辦，醫生説了一句：「On demand.」（按照需求）。意思就是小孩需要吃多少，就給他吃多少，他不想吃嘴巴就不會張開。於是我們開始這樣實行，果然賊粒就變成一個不太哭、成天笑咪咪的天使肥寶寶了。

不照書養之後變成快樂
的小胖子的賊粒。

　　養了小孩之後，育兒書對我來說比較像是「食譜」，而不是「字
典」，一個廚房新手，是絕對需要食譜的，你可以翻閱各種食譜、
各種配方，試試看哪種最符合你跟小孩的口味，但就跟一本食譜一
樣，有些配方我覺得好吃、有些我覺得不好吃，多看多嘗試，能提
供給我更多的思路和方式，但它不是一個教養的真理，因為教小孩
沒有絕對，畢竟我的小孩也不會符合所有育兒研究的中間值。

老婆衣服什麼時候洗？
等你內褲沒了再洗

我討厭做家事。

家事對我來說就是非做不可的純勞動，很難苦中作樂的那種。

以前在台灣最討厭的就是倒廚餘跟晾衣服，倒廚餘時，最怕前面的大媽在倒完廚餘時，還甩幾下裝廚餘的垃圾袋，每次我被廚餘汁噴到都很崩潰，所以我倒垃圾都是抱著戰鬥的心情去進行一場攻防。

晾衣服時則是因為自己是五短身材，導致要顛腳到很深的洗衣機裡面一件一件撈，常常晾到腰痠。在美國有地下道處理廚餘、也有

堆積如山的待摺衣服,
每摺三件就被小孩弄亂
一件。

烘衣機,最不想面對的家事變成洗衣摺衣,於是我的洗衣標準就是:
等老公快沒內褲時才洗。

　　這個拖延戰術的最人壞處是:每次的待摺衣物如山高,小孩看到
那座山,一定會興奮的在上面自由落體。

　　邊摺衣服小孩邊在旁邊搗亂、還會挑出爸爸的彩色內褲來戴在頭上
玩,即便如此事倍功半,我還是會選擇沒效率的邊帶孩子邊摺,因為
小獸們上床後的寧靜時光太寶貴了,怎麼也捨不得拿來摺衣服啊。

我一分鐘沒看著孩子，
他就去縱火了

我家的真實版本是：我十分鐘沒看著孩子，他就去縱水了。

這樁育兒恐怖故事，我至今想起來還是頭皮發麻。

某個週六早晨，為了讓我多睡一下，貼心的老楊先起來帶孩子，他準備好早餐後，上樓叫我起床。

此時，他把神獸兄妹單獨留在樓下。

老楊來叫我時，不知天高地厚、水能把家裡淹多深的我，還賴床的說：「再讓我睡五分鐘。」

渾然不知自己闖大禍，看著父母鐵青的
臉仍然陶醉在玩水的賊粒。

　　等到下樓時，我跟老楊站在樓梯上嚇得説不出話來，賊粒拉出廚
房的水龍頭往天花板沖，開放式的廚房、餐廳、客廳全濕成一片水
鄉澤國，廚房的早餐、餐廳的電腦、客廳的沙發都泡水，而主事者
賊粒，正開心到不行的踩著水花。

　　然而這個故事，恐怖到最高點的部分，是隔天又發生了一樣的事。

　　這次只離開五分鐘、米米還急急忙忙地來告狀，當我邊拖地、天
花板的水邊滴滴答答落在我頭上時，我突然忍不住哭出來。

　　是我們膽大包天，竟然敢再讓賊粒離開我們視線，是我們教導無
方，我跟老楊開了第 N 次沉痛的教養檢討大會。

到底是誰在哄誰睡覺？

小孩哄不睡，等於爸媽工時加長無法打烊。

養了兩隻精力旺盛、不睡午覺的神獸，最怕的就是他們在傍晚不小心睡著。在沒有車就沒有腳的德州，我們四點過後就不敢出門，深怕小孩上了車就快充十分鐘，暴衝十小時，等他們一醒絕對沒有好日子。

有幾次賊粒在傍晚時睡著了，我跟老楊一邊覺得好棒好安靜啊！一邊問對方：

「現在睡晚上就完了。」

結果爸爸、媽媽先睡著了。

「對啊,那你要叫他起來嗎?」

　　兩人你看我我看你,沒人起身去叫醒孩子,一邊享受安靜的時光一邊挫勒蛋,疲倦的父母就是這麼苟且偷生。

　　「陪睡大夜班」最輕微的後果就是,哄小孩時跟小孩一起睡著,犧牲了自由安靜的時光。比較慘的是,輪流哄睡後,我們雙雙累趴,剩小孩精力旺盛,任由他要開冰箱要看電視我們已經無力阻止,只能祈禱明早屋頂還維持原本的樣子。

抱完小孩的千年老腰,痛到歪腰

二十九歲的某一天,人生首次閃到腰。

我一手扶著腰、一手扶著牆壁,無法站直、痛到噴淚。百感交集又悲傷的想著,這不是老奶奶才會出現的症狀與姿勢嗎?

一個健步如飛的年輕媽媽,不過抱孩子的施力點不對,就淪落到從廚房走到房間都要被攙扶。

「健身多年的我,應該睡一覺就復原了吧。」我天真的這麼想著。直到半夜被痛醒,決定去推拿掛號。

同一天,我遠在台灣的好姊妹,在群組傳來了她去醫美把自己弄

導致腰痛的兩獸,正在日常摧殘媽媽。

得容光煥發的精緻臉蛋。

「這麼巧,我也在診間。」我回傳我狼狽地的候診模樣。

沒有小孩的姊妹們,對於我的腰痛沒有經驗,自然也沒有任何建議,很快的話題跳去了電波拉皮。

「我跟妳們,隔著一個腰痛的距離。」享受我的羨慕嫉妒吧,妳們這些單身小腰精。

從此以後我的腰,成為了痛了又好、好了又痛的千年老腰,因為孩子還小,不能不抱。一邊想著小孩好重、腰好痛,一邊想著可是他們長大以後就不給我們抱了,就忍不住忍著痛,再抱一下。

M A M A

3-7

W A K E   U P

限時用餐好不好？
等你吃飽我都變老

我希望孩子們能夠限時用餐，可能跟大家想得不太一樣，不是因為他們吃得慢，是因為他們吃個不停。

米米就是那種上了餐桌，一頓狂吃，你想把她抱下桌她會生氣的那種，好幾次都是吃到自己睡著才罷休。

平常在家，我就是一個隨時要服侍兩位「大胃王奧客」的服務生。我的兩隻小獸，體重 BMI 值都超過 90%，是貨真價實的吃貨，天天都是無限量供應的多量多餐。

一早他們吃完早餐，很快的有人會點餅乾、有人會點果汁、有人會點香蕉，伺候不完，還要洗碗。

一上桌吃飯就不願意下來，吃到睡著才罷休的米米。

瞎忙完後坐下，我的咖啡涼了，拿去微波，結果兩獸聽到微波爐的聲音，吵著要吃肉。

食怪們最恐怖的地方在於，點心不停，正餐也照吃。

有次朋友看著賊粒與米米，不停地吃完並舉手示意要續碗，瞠目結舌得說有大胃王比賽既視感。

第 N 次試圖坐下，正想做點什麼，思緒還沒整理好，有人拉屎了。有時米米還會使出拿書過來要我唸的「我勤奮好學，你無法拒絕」之絕招，一個禮拜大約有五天，我會放棄想做自己的事的念頭，起身吸地收廚房，至少感覺自己還有一些產能。

M A M A

3-8

W A K E   U P

這是一雙摸過屎的媽媽手

　　我的手，一雙從小彈琴畫畫的手，現在只要指縫裡面沒有卡著蒜泥或是屎就不錯了。

　　現在的我如果說出「我有潔癖」這話，絕對被笑掉大牙，我也有自知之明不敢這樣聲明。但其實在只有一個小孩的時候、我還沒放棄整齊清潔的時候，賊粒大便時我甚至沒有徒手換過尿布，我都戴著手套以防不小心摸到、更不敢幫小孩洗屁屁，我覺得很髒。

　　是什麼一點一滴的改變了我呢？

以前吐奶數次的賊粒，噴射
角度清奇常常接不住。

　　可能是有一次換尿布時，把賊粒的腳一舉起，他就突然噴尿尿在
我臉上；也有可能是生了米米後實在太累，根本不可能每次換尿布
都戴手套，就這樣數次在擦拭的時候有屎順勢鑲入我的指間；抑或
是我習慣了身上隨時都是吐奶，因為如果要每次髒了換，我一整天
就像在走秀。

　　總之兩個小孩不僅讓我不再年輕、不再文青、也不再乾淨。

　　此時的我看著滿地的餅乾屑，想著馬上就會更髒了，不用那麼快清。

當媽媽什麼感覺？很好啊。

美國人一見面就問「How are you?」

但其實這不是真的問句，它只是像「Hi」的一聲簡單招呼，中文的打招呼：「你好嗎？」也多少有點純打招呼的意思，就是對方並不是真的要知道你過得如何。

我成為兩獸的媽以後，跟我打招呼的人就不一樣了，
他們不是說「你好嗎？」

圖示我的內心秩序。

　　他們是歪著頭、露出憐惜的神情、看著我憔悴的臉龐，說：「你『還』好嗎？」每次被這樣問時，我就會突然語塞，我腦中閃過的台詞是：「你是說哪部分呢？身體上我每天半夜起來三次、天天間歇性睡眠、還在掉頭髮跟漏尿、肚皮跟胸部都變形，精神上就是自我被剝奪感很強、成就感很低，時間被育兒切得很零碎，很難做自己想做的事，哄完小孩僅剩的精力只能滑手機。」

　　最後當然是嚥下這一肚子的苦楚與辛酸，從齒縫中吐出了三個字：「很好啊。」

寧靜我不配

一個完美的起床，在我腦中是這樣的：

睡到飽、緩緩地在床上滑滑手機、慢慢起身去煮咖啡、配著滿室的咖啡香，播放自己喜歡的音樂，啜口咖啡佐本好書，開啟一天。

現在讓我來介紹有小孩後我三年來的早晨：

從半夜至少兩次的米米哭聲中揭開序幕，七點不到會被爆哭吵醒，米米淒厲的哭聲直到我抱起她的那刻才停止，渾渾噩噩的抱著米米去泡奶，趁她喝奶時再瞇十五分鐘。

接著賊粒起床了，開始輪番伺候兩隻奧客大胃王，吃餅乾、喝果

某天下午賊粒把電動牙刷頭拔了鑽牆，製造出電鑽施工的聲音。這就是我不配寧靜的日常，早吵午吵，只要醒著他們都在吵。

汁、換尿布、吃香蕉、打翻餅乾、打翻果汁、洗手，你説不滿足他們會怎樣？ 會一直吵啊！再説口腹之慾也不是什麼奢求嘛。

此時瞎忙的我，聽著的也不是什麼我喜歡的音樂，是循環八百遍的「北逼蝦嘟嘟嘟嘟嘟」。

「這就是一場文青勞改。」

我邊洗著換尿布時不慎卡在指縫的屎、邊哼著嘟嘟嘟邊這麼想著。

MAMA

後記

WAKE UP

謝謝大家收看育兒黑色喜劇。

在疫情期間爆紅，對我來說是個很奇幻的體驗，然而直至此時，我們都還在漫長的居家避疫，事實上成為網崩並沒有對我的生活有太大影響，小孩照樣皮、我照樣累成泥，看不見盡頭的避疫日子更是越發難熬，唯一讓我感到一絲寬慰的，大概是鼓勵了一些跟我一樣在育兒苦海中浮浮沉沉、很難體面爸媽們，不用感到羞愧、一起苦中作樂。

我並沒有想要高呼：讓我們一起成為更好的父母吧，除了因為我不配以外，還有因為要成為怎樣的父母自己決定就好，變更好這件事是反求諸己而非拿來高標他人的，我們是不是一個好爸媽，只有我們小孩說了算。我就簡單的，祝大家睡飽。

最後，
謝謝我的先生老楊，你總是我的避風港。
謝謝我的兩隻掌上小豬豬—賊粒與米米，你們帶我再過了一次童年。
還有謝謝買書的你們，謝謝你們沒有白嫖我的才華。

德州媽媽沒有崩潰：

早安！今天又是被迫營業的一天

作　者	Mumu
主　編	蔡月薰
編輯協力	德州爸爸老楊
美術設計	賴佳韋工作室
設計協力	謝明佑
企　劃	謝儀方

第五編輯部總監	梁芳春
董事長	趙政岷
出版者	時報文化出版企業股份有限公司
	108019 台北市和平西路三段 240 號
發行專線	(02)2306-6842
讀者服務專線	0800-231-705、(02)2304-7103
讀者服務傳真	(02)2304-6858
郵撥	1934-4724 時報文化出版公司
信箱	10899 台北華江橋郵局第 99 信箱
時報悅讀網	www.readingtimes.com.tw
電子郵件信箱	books@readingtimes.com.tw
法律顧問	理律法律事務所 陳長文律師、李念祖律師
印刷	和楹印刷股份有限公司
初版一刷	2020 年 10 月 09 日
定價	新台幣 450 元

德州媽媽沒有崩潰：早安！今天又是被迫營業的一天／Mumu
作 .——初版 .——臺北市：時報文化，2020.10　面；　公分
ISBN 978-957-13-8361-3（精裝）

1. 母親　2. 育兒　3. 親職教育
544.141　　　　　　　　　　　　　　　　109013083

特別感謝

時報出版

時報文化出版公司成立於一九七五年，並於一九九九年股票
上櫃公開發行，於二〇〇八年脫離中時集團非屬旺中，以「尊
重智慧與創意的文化事業」為信念。

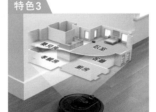

抽 獎 回 函

請完整填寫讀者回函內容，並於2020.12.18前(以郵戳為憑)寄回「時報出版社」，即可參加抽獎，有機會獲得【 iRobot® Roomba® e5 掃地機器人 】乙台。

共抽出4名讀者，數量有限，請盡速填寫後寄出。

美國 iRobot® Roomba® e5掃地機器人　原價$37,999

活動辦法：
1. 請沿虛線剪下本回函，填寫個人資料，並黏封好〈請不要使用釘書機〉寄回時報出版〈無需貼郵票〉，將抽出 4 名讀者。
2. 抽獎結果將於 2020.12.25 在時報「優・悅讀」FB 粉絲團及「德州媽媽沒有崩潰」FB 粉絲專頁公布得獎名單，並由專人通知得獎者。
3. 若於 2020.12.30 前出版社未能聯繫上得獎者，視同放棄。

----------對 摺 線----------

讀者資料〈請務必完整填寫並可供辨識，以便通知活動得獎者相關訊息〉

姓 名： _____ □先生□小姐

年 齡： _____

職 業： _____

連絡電話：（H）_____ （M）_____

地 址：□□□ _____

_____

E - M A I L： _____

注意事項：
1. 本回函不得影印使用 2. 時報出版保有活動變更之權利。
3. 本抽獎活動若有其他疑問，請洽 02-2306-6600#8240 謝小姐

Roomba® e5
掃地機器人

獨家 髒汙偵測

快清 水洗機種

全新 專利雙刷

了解詳情

廣　告　回　信
台　北　郵　局　登　記　證
台　　北　　廣　　字
第　2　2　1　8　號

時報文化出版股份有限公司
108019 台北市萬華區和平西路三段 240 號 7 樓

第五編輯部 流行線 收